Dios, primera persona del plural

Silvia Martínez Cano

Dios, primera persona del plural

Acercarnos al Dios trinitario

SAN PABLO

Colección dirigida por Silvia Martínez Cano y José María Pérez-Soba Díez del Corral

Silvia Martínez Cano, doctora en Educación por la Universidad Complutense de Madrid, licenciada en Teología fundamental por la Universidad de Deusto y máster en Artes visuales y Educación por la Universidad de Barcelona, es profesora en la Universidad Complutense de Madrid, en el Instituto San Pío X y en el Instituto Teológico de Vida religiosa –ambos de la Universidad Pontificia de Salamanca– y artista multidisciplinar desde una perspectiva feminista y religiosa. En SAN PABLO dirige las colecciones de Mujeres Bíblicas y ¡Ahora lo entiendo!, ha coordinado *Mesibah* (2020) y publicado *Teología feminista para principiantes* (2021).

© SAN PABLO 2025
    Protasio Gómez, 11-15. 28027 Madrid
    Tel. 917 425 113
    secretaria.edit@sanpablo.es - www.sanpablo.es
© Silvia Martínez Cano, 2025
© Ilustración de portada: José Montalvá Beneyto, 2024

Distribución: SAN PABLO. División Comercial
Resina, 1. 28021 Madrid
Tel. 917 987 375
ventas@sanpablo.es
ISBN: 978-84-285-7432-7
Depósito legal: M. 21.787-2025
Printed in Spain. Impreso en España

Introducción
En la oscuridad de la muerte, una mujer proclama la fe

Los cristianos y cristianas decimos que creemos en Dios, pero ¿en qué Dios creemos? Decimos que creemos en Dios Uno y Trino, una paradoja imposible que recitamos en el Credo. Sin embargo, esta paradoja encierra la verdad central de la experiencia cristiana: que Dios es un dios que no habla en primera persona del singular, distanciándose de la humanidad, sino que se acerca al universo en el que vivimos deseoso de amarnos y de pasear con nosotros por este bello y a la vez terrible mundo, como se narra de forma simbólica en el relato del Génesis (cf Gén 3,8).

Creemos, por tanto, como Marta (cf Jn 11,27) y Pedro (cf Mc 8,29), en un Dios cercano, que nos congrega en una mesa de alegría y amor, en la que comparte su Vida, con mayúscula, una vida que solo entiende del «nosotros» como forma de vida. La proclamación de Marta es especialmente reveladora. Ella recibe a Jesús saliendo de su casa de Betania en un momento crítico, cuando acaba de morir su hermano Lázaro:

A su llegada, Jesús se encontró con que Lázaro había sido sepultado hacía ya cuatro días. Como Betania está muy cerca de Jerusalén –unos dos kilómetros y medio–, muchos judíos habían ido a visitar a Marta y a María para darles el pésame por la muerte de su hermano. En cuanto Marta se enteró de que Jesús llegaba, le salió al encuentro. María, por su parte, se quedó en casa. Marta dijo a Jesús:

—Señor, si hubieras estado aquí, no habría muerto mi hermano. Pero, aun así, yo sé que todo lo que pidas a Dios, Él te lo concederá.

Jesús le contestó:

—Tu hermano resucitará.

Marta replicó:

—Sé muy bien que volverá a la vida al fin de los tiempos, cuando tenga lugar la resurrección de los muertos.

Jesús entonces le dijo:

—Yo soy la resurrección y la vida. El que cree en mí, aunque muera, vivirá, y ninguno de los que viven y tienen fe en mí morirá para siempre. ¿Crees esto?

Marta contestó:

—Sí, Señor; yo creo que tú eres el Mesías, el Hijo de Dios, que había de venir al mundo (Jn 11,17-27).

Las palabras de Marta «yo creo que tú eres el Mesías, el Hijo de Dios, que había de venir al mundo» (Jn 11,27) condensan esta verdad: que Dios se muestra en Jesucristo, cuando «viene-con-nosotros» a este mundo, y se hace presente en nuestras vidas trayendo Vida –lo que llamaremos *Espíritu de Dios* o *Espíritu Santo*–. Marta recibe a Jesús, que es «la resurrección y la vida» (Jn 11,25), confía y proclama que cree en esa Vida que se le ofrece y que la plenifica como pequeña parte de la creación. Las palabras pronunciadas por Marta y por Jesús en este pasaje se caracterizan por ser similares a las fórmulas verbales denominadas *confesiones de fe* que surgirán en la primera comunidad y que se transmitirán de generación en generación en la Iglesia. Estas se han convertido en un lenguaje simbólico y ritual, pero no por ello menos verdadero, en fórmulas que nos remiten a la centralidad de la fe: la Vida de Dios en nosotros y nosotros en la Vida de Dios.

Para comprender esta bella paradoja que nos nutre decimos que Dios es Trinidad –Uno y Trino–. Subrayamos la idea de que Dios es pura relación, pura comunidad. No significa que nos necesite para ser comunidad. Significa que, en su infinito amor desbordante, ha querido compartirlo con la creación y todo lo viviente de forma gratuita. Por eso Dios Trinidad es modelo y espejo para la humanidad, porque cuanto más amamos y «hacemos comunidad», más «divinos» somos, parafraseando las palabras de san Ireneo de Lyon.

En este libro vamos a intentar explicar esta esencia amorosa de Dios acudiendo a nuestra Tradición y a la teología de las últimas décadas.

Para ello nos van a acompañar algunas palabras clave que ayudan a dibujar el marco de lo que vamos a decir.

Palabras clave

- El *símbolo de la fe:* esta expresión se refiere al Credo que proclaman las Iglesias cristianas. La primera parte de este símbolo recoge la proclamación de que creemos en Dios Trinidad. La palabra *símbolo* procede de la palabra griega *sýmbolon,* que significa «juntar» o «reunir». Hace referencia a la costumbre grecorromana de partir un sello circular de forma que las dos personas que lo portaban podían verificar su identidad al juntarlos o reconocer una alianza o contrato. El símbolo de la fe es por tanto la señal de reconocimiento de los cristianos y cristianas.
- *Perijóresis:* esta palabra en griego significa «inhabitación mutua» o *«relacionalidad»,* y quiere significar que las tres personas divinas –Padre, Hijo y Espíritu–, a partir

de este lenguaje simbólico que utilizamos, están siempre en relación, ofreciéndose y recibiendo el amor unas a otras.

- *Trinidad, Triunidad* o *Uno* y *Trino:* estas expresiones hacen referencia a la esencia relacional, comunitaria y gratuita de Dios.

- *Inmanencia* y *trascendencia:* estas dos palabras van a siempre juntas cuando hablamos de Dios. Hacen referencia a la presencia de Dios en su creación, como sustentador de todo –*inmanencia*–, pero al mismo tiempo, a la imposibilidad de abarcarlo, santo y distinto más allá del mundo –*trascendencia*–.

- *Ontología* y *teología:* cuando hablamos de Dios pensamos como es su esencia –*ontología*– y nos atrevemos a decir cuál es nuestra relación con Dios y con el mundo –*teología*–. Todos los cristianos y cristianas «hacen teología» en cierta manera desde su experiencia de fe, pero son los teólogos y teólogas los que ordenan la sabiduría de la comunidad y lo exponen de forma comprensible.

1

A la búsqueda de un símbolo que exprese lo mejor posible al Dios de la Vida

La Iglesia, a partir de la confesión de Marta, necesitó expresar la fe dentro del contexto cultural del Mediterráneo oriental que estaba cambiando. Aunque la fe en Dios sea algo personal, sabemos que siempre es una acción en salida hacia la vida en general y hacia la vida de los otros en particular. La fe no puede esconderse, necesitamos compartirla, dialogar sobre ella y transmitirla. Hasta el punto de que quien no confiesa la fe puede ser que no crea en absoluto, porque «de lo que rebosa el corazón, habla la boca» (Lc 6,45). Ahora bien, si la fe debe confesarse, o sea, proclamarse, compartirse y transmitirse, esto debe hacerse con un lenguaje que se entienda.

Porque si las distintas formas de lenguaje que utilizamos para confesar la fe no se entienden, es como dibujar en la oscuridad. Para ello necesitaban concretar cuál es verdaderamente la esencia interna del Dios de Jesús –su *ontología*–, y cuál era la relación de ese Dios a través de la presencia del Jesucristo y su presencia posterior en la vida de la Iglesia –*teología*–.

Esta preocupación es la que llevó a la primera Iglesia a encontrar sus propias palabras y expresiones, un lenguaje propio simbólico que confesara la fe en el Dios de Jesucristo. Solo ayudándose de este lenguaje era posible comprender la relación de Jesús con Dios *Abba,* la presencia de Dios en Jesucristo –Espíritu– y su radical donación a la humanidad. Así, a lo largo de los tres primeros siglos surgieron distintos *credos* –proclamanción– o *doxologías* –expresión de alabanza– que tenían en común el objetivo de señalar la acción de Dios Padre por medio del Hijo en el Espíritu en el mundo. En todas ellas hay una relación insuperable de Dios Padre, Jesucristo y el Espíritu como sucede, por ejemplo, cuando nos santiguamos –«En el nombre del Padre, del Hijo y del Espíritu Santo»– o terminamos una oración. Todas las fórmulas destacaban el carácter dinámico de Dios, un Dios siempre en movimiento, siempre dando y recibiendo amor. Por eso no es de extrañar que la idea de que Dios se exprese a través de la cifra tres cobrara mucha fuerza. Hemos de recordar que en la cultura hebrea, a la que pertenece Jesús y de la que nace el cristianismo, el significado del número 3 está relacionado con la *plenitud*. Dios se manifiesta plenamente en el rostro de Jesús que nos deja su fuerza –*Espíritu*– para que habite en nosotros.

El símbolo de la Trinidad como metáfora principal de la confesión del Dios de Jesús pasó a ser fundamental para comprender su poder salvador. Pablo ya lo utiliza en 1Cor 15,3-5, y el Bautismo es, desde el principio del cristianismo, «en el nombre del Padre y del Hijo y del Espíritu Santo». Por ejemplo, el Símbolo de los apóstoles, llamado así porque quiere recoger el legado de los apóstoles, se divide en tres partes: la primera habla de Dios Padre y de la maravilla de la creación, la segunda señala a Jesucristo como la puerta de sanación de este mundo y la parte final apunta al Espíritu Santo como fuente y principio de nuestra plenitud. Cada parte está dividida en doce artículos, como los doce apóstoles. Así, *tres veces doce* simboliza el conjunto de la fe. Otro símbolo, tan importante como el de los apóstoles, es el niceno-constantinopolitano que es fruto de dos primeros concilios ecuménicos (325 y 381). Es justamente en esos dos concilios, en Nicea y Constantinopla, cuando se encuentra una fórmula adecuada para confesar al Dios que nos acoge y transforma. Este credo es el que todavía proclamamos en la Eucaristía y el que compartimos todas las Iglesias –católicos, ortodoxos y reformados–.

Encontrar las palabras adecuadas no es fácil. El teólogo Karl Rahner decía que la analogía es la forma fundamental del pensar teológico, es decir, la forma menos inadecuada para hablar del misterio incomprensible que es Dios. Las palabras y las imágenes son las únicas herramientas, imperfectas, que tenían ellos y que tenemos nosotros. Ahora bien, algunas personas intentaron clarificar que significaba esta relación estrecha entre Dios Padre y Jesucristo, pero atendiendo más a las filosofías de moda que a la intuición de los primeros testigos, discípulos y apóstoles. Un grupo de cristianos, que llegó a ser muy numeroso, pensaba que Jesús era una creación intermedia –*demiurgo*– entre Dios y la creación –*subordacionismo*– por lo que no era Dios encarnado. Otro grupo afirmaba que Jesús era un hombre bueno que, por su santidad, había sido adoptado por Dios –*adopcionismo*–. Otros, que Dios no podía rebajarse a las limitaciones de la materia como comer, enfermar, cansarse o sentir dolor, por lo que Jesucristo era algo parecido a un disfraz que Dios se ponía en la tierra, que no tenía necesitades materiales, y con ello salvaban la idea para algunos «imposible» de que Dios sufriera en la cruz –*monofisismo*–. Es decir, no les cabía en la cabeza la locura de Dios con nosotros: ¿cómo iba Dios a mancharse con lo humano? Esto contradecía la propuesta de Jesús: todo lo humano nos habla directamente de Dios. Ante estas desviaciones o *herejías*, los teólogos que participaron en Nicea y Constantinopla se esforzaron en desarrollar una teología que hiciera comprensible lo que ya vivía la comunidad.

De todos estos pensadores hemos de destacar el trabajo de los que se llamaron *padres capadocios* –Gregorio de Nisa, Gregorio Nacianceno y Basilio de Cesarea–. Todos ellos vivieron en lo que hoy es territorio de Turquía, Capadocia y son reconocidos como «padres de la Iglesia» por el esfuerzo que hicieron por adaptar la experiencia cristiana al lenguaje filosófico y metafísico de su tiempo. Su trabajo facilitó la inculturación de la fe cristiana en la nueva cultura mediterránea que se estaba fraguando. La gran novedad que aportaron se puede resumir en dos claves:

- La primera, la explicación clara y precisa de la doctrina de las «personas» divinas –tres *hipóstasis*–. Para los capadocios, *persona* era el concepto que expresaba lo que tenían en común Padre, Hijo y Espíritu y, a la vez, subrayaba lo singular de cada uno de ellos. Basilio de Cesarea propuso el término *persona* –*prósopon*– identificándolo con el de «realidad sustentante del ser», *hipóstasis*. Aunque en el mundo griego *persona* estaba relacionada con las máscaras que los actores se ponían en el teatro, aquí cobra un significado nuevo, señala la realidad profunda del Ser de Dios. Con este cambio de significado, se mantenía la tensión entre la esencia común divina de Padre, Hijo y Espíritu y la singularidad de cada uno.

- La segunda clave es la defensa de la naturaleza divina como una única naturaleza o *sustancia –ousía–*, es decir, que Dios padre y Jesucristo son de la misma naturaleza y que de ellos procede el Espíritu, Sabiduría divina que crea y sustenta la realidad. De esta manera, se podía entender mejor la paradoja de la experiencia de la salvación cristiana y, por tanto, el punto de partida de nuestra fe que es la relación íntima de Dios con su pueblo a través de Jesús.

Pero ¿cómo comprender a la vez que Dios es uno y al mismo tiempo nos encontramos con Él de formas diferentes? Algunos plantearon que el Padre, el Hijo y el Espíritu eran como tres modalidades de aparición o epifanía de Dios *–modalismo–*. ¿No sería pensar que son tres dioses? Aquí de nuevo nos dan la clave los capadocios: la esencia de Dios es darse gratuitamente e infinitamente. Dios Trinidad se hace presente cuando se automanifiesta como «donación perfecta». Esta es la clave del símbolo trinitario, que en la donación y la acogida de esa donación encontramos la esencia de Dios, como insistía Basilio. Ser relación es el principio constitutivo de Dios. La salvación de Dios se experimenta en la acción que lleva al ser humano de la Muerte –los muchos sufrimientos, violencias e injusticias de este mundo– a la Vida –la relación fraterna-sororal que nos hace familia–, de la individualidad a la comunidad, de los intereses propios a la gratuidad solidaria.

Gregorio Nacianceno dirá que Dios es «comunidad perfecta», porque Dios siempre se implica en el otro. Lo expresará con la metáfora de un movimiento doble: darse y recibir. Dios Trinidad es movimiento de donación y apertura, de receptividad y de encuentro. Así, confesar la fe hoy no es solo confesarla con palabras y fórmulas de otro tiempo, sino hacer la palabra «verbo», acción gratuita, movimiento que alienta la vida y cuida de ella para que no se apague. Si Dios Trinidad es comunión eterna de amor, entonces los cristianos y cristianas que confiesan la fe son comunidad de encuentro y de amor abierta al encuentro. A esta expresión metafórica del movimiento los padres capadocios la llamaron *inhabitación mutua* o *perijóresis*, que es un concepto que describe la relación perfecta entre las personas divinas. El término sugiere un «danzar en torno» armonioso y amoroso, una compenetración alegre en libertad, como cuando en la danza moderna los bailarines danzan unidos girando sus cuerpos unos sobre otros, pero manteniendo su espacio y su personalidad propia al danzar. La danza es la unión total de los intérpretes, pero cada uno mantiene su identidad.

Posteriormente, cuando la palabra *perijóresis* se tradujo al latín, adquirió todavía una fuerza mayor a partir de dos palabras: *circumincessio* o *circuminsessio*. *Circumincessio* hace referencia a que cada persona camina –*incedere*– hacia la otra persona en un proceso circular –*circum*–. Podríamos imaginarnos un círculo perfecto de danzarines que giran apoyándose unos a otros en los pasos y movimientos que hacen. Y *cir-*

cuminsessio indica que cada persona se asienta –*sessio*– en la otra, y no solo camina hacia ella, sino que habita en ella. En este sentido, la teóloga Catherine M. LaCugna subraya el dinamismo que produce la coreografía, porque en ella hay una cooperación que deja emerger el movimiento: cada persona baila y con ello se expresa a sí misma y al mismo tiempo se realiza junto con las otras. Es decir, la danza perfecta solo se genera si cada intérprete se da completamente al otro y recibe a la otra persona completamente. El nacianceno relacionó la metáfora de esta bella danza con la idea de comunidad –*koinonía*–: no hay discordia en Dios, hay «sinfonía de pensamientos», compenetración en la acción. En la comunión, el intercambio se realiza en una completa armonía y una fecunda complementariedad. Dios danza dentro de una relación de amor fecundo. La danza divina expresa la esencia y la unidad del Dios que es Vida envolvente y eterna.

La formulación de todos estos conceptos introdujo un nivel de especificidad en el lenguaje que hizo necesario acudir, como hemos visto, a expresiones nacidas de la metafísica, para afinar lo más posible lo que la Iglesia «decía» de Dios. Hoy, 1700 años después de Nicea, en un modelo cultural diferente, globalizado, multicultural y digital, necesitamos de nuevo preguntarnos cuáles son las formas del lenguaje y aquellas palabras e imágenes adecuadas para confesar nuestra fe. ¿Cómo podemos entender hoy la paradoja del Dios Uno y Trino? ¿Cómo decir con palabras e imágenes de nuestra época audiovisual que Dios es comunidad porque es *tres* y *uno* a la vez? ¿Cómo subrayar el carácter trinitario de Dios para mantener viva y activa –a través del Espíritu– a la comunidad de los amigos y amigas de Jesús?

2
Dios es comunidad, movimiento de Amor

La metáfora trinitaria de la comunidad, que se hace vida cuando la ponemos en movimiento a través de nuestras decisiones en la vida cotidiana, nos señala las dos experiencias centrales que vivimos en el cristianismo. La primera experiencia es que la Trinidad se manifiesta como «Sabiduría divina» que brota de la donación y entrega plena de Jesús. Esta metáfora ya está presente en la tradición bíblica, cuando el escritor del libro de Proverbios se refiere a Dios como Sabiduría divina que danza y juega con la creación (cf Prov 8,30). Esta tradición es conocida por las primeras comunidades que reconocieron a Jesús como sabiduría de Dios, como se afirma en el prólogo de Juan (cf Jn 1,1). Para los cristianos y cristianas todo lo dicho y hecho por Jesús-Sabiduría divina se extiende a través del Espíritu Santo a la comunidad cristiana para que construya un nuevo mundo. La segunda experiencia nos recuerda que Jesús es la verdad de Dios, el Verbo encarnado, acción y vida, el Hijo que recibe vida y la dona de nuevo a los seres humanos a través del Espíritu. Hay, por tanto, una sola verdad del Evangelio, una verdad trinitaria y antropológica: en la Trinidad la humanidad encuentra su sentido.

Por tanto, el símbolo trinitario nos recuerda constantemente que la comunidad es el camino para construir el reino de Dios. El teólogo Ricardo de San Víctor (1110-1173) explicaba esta afirmación con la siguiente reflexión: si «Dios es amor» (1Jn 4,8), entonces, como afirma Basilio de Cesarea, «no puede haber *caritas* entre menos de dos», pues es un amor que se excede por acuerdo de dos hacia un tercero. En la caridad perfecta se encuentra la total concordia, el perfecto intercambio y la suma alegría de los que aman juntos a otro y se dejan amar por este. Y por eso el ser humano es *imagen de Dios,* porque le sucede lo mismo que a Dios, que es esencialmente un ser relacional. La vocación de las personas es ser sociales, es decir, construir comunidad, y no cualquier comunidad, sino una perfecta en el amor.

Esto significa que ser social y construir comunidad no es algo externo a nosotros, como un mandato o imposición moral que hacen la sociedad o las religiones, sino que es algo íntimo nuestro, connatural, donde reconocemos la presencia de Dios en nosotros como un Misterio, decía Karl Rahner, que a veces no comprendemos pero que está ahí de forma inesperada, sorprendente y gratuita. Y es que Dios se da a conocer en nuestro interior de forma libre y gratuita. Nada ni nadie le obliga a estar en nosotros ni en la creación, y sin embargo se comunica con nosotros de formas misteriosas en nuestra propia historia. Que lo haga de forma misteriosa no significa que se muestre parcialmente, como si llevara un velo que nos impidiera ver su rostro. No, al contrario, Rahner afirma que el misterio no es una dificultad para la comprensión de Dios, sino la absoluta comunicación de Dios al ser humano a través del rostro de Jesucristo y en su Espíritu. Todos sabemos lo que es amar, aunque no podamos definirlo con palabras y las imágenes que usamos sean insuficientes. El amor es siempre un misterio ante el que callar y contemplar. Y esto para nosotros es un regalo, una gracia que se nos regala para hacer más plenas y más felices no solo nuestras vidas, sino la vida en general de todo el universo. Para el teólogo alemán el misterio trinitario es la clave para comprender toda la realidad que nos rodea: la creación, a nosotros mismos, a nuestras sociedades, al mal y el bien que alberga en ellas. Por eso, podemos decir que el hecho de que Dios nos invite a la «trinitización» del mundo es vivir con el convencimiento de que Dios se mostrará completamente cuando la humanidad, y con ella la creación completa, sea comunidad –de amor– perfecta.

Hasta aquí hemos ahondado en qué significa que Dios sea comunidad. Es un misterio, pero se muestra plenamente en nuestras vidas. ¿Cómo poner palabras a esta experiencia que nos deja muchas veces mudos? Para contestar a esta pregunta la tradición cristiana considera que la mejor vía para explicar esta experiencia es la analogía y todo el campo de las metáforas y los símbolos que nos brinda el lenguaje en todas sus formas: oral, escrito, visual, sonoro, corporal, etc. La analogía permite conectar la experiencia con la razón y dotarla de sentido. Es un recurso humano que forma parte de nuestro lenguaje originario, y según Rahner, es unívoco y equívoco a la vez, es decir, un lenguaje abierto, siempre incompleto:

> Todas las imágenes y modelos que a partir de la realidad humana quieran iluminarnos en el acceso al Misterio deberán reconocer el límite fundamental de la infinita superioridad del modelo sobre la imagen y la imposibilidad de encerrar a Dios en nuestros esquemas humanos. Precisamente cuanto más se aventura la teología en la exploración del misterio divino más debería ser consciente del modelo apofático que sin ser único ni absoluto siempre la ha de caracterizar. Cualquier imagen estará de entrada relativizada, aunque solo sea por el hecho de que Jesús no la ha utilizado cuando ha tomado sobre sí la empresa de explicar en lo humano lo divino de su persona (*Curso fundamental de la fe,* Herder, Barcelona 1979, 96-98).

La analogía acierta porque reconocemos lo que expresa y se equivoca porque es insuficiente para explicar todos los matices que requiere hablar de Dios. Por ejemplo, una vez, una mujer me dijo que para ella el cielo era el instante tras la expulsión del parto en el que veía por primera vez la carita del bebe, después de tantos meses dentro de ella. Tan solo un instante, pero de infinita felicidad. Esta «comparación» solo puede explicarse teniendo en cuenta el contexto de esta persona, pero podemos imaginarnos esa felicidad, aunque no hayamos dado a luz nunca o nuestros partos se hayan desarrollado de otra manera. No necesita tampoco una explicación científica, pues todos y todas hemos tenido experiencias similares de infinita felicidad que nos permiten comprender a qué se refiere. Así sucede también con el conocimiento de Dios. En un encuentro con escolares, una niña de 10 años compartió conmigo que Dios era como una abuelita con bastón que daba de comer a los niños. Esta niña inmigrante había vivido en República Dominicana hasta los ocho años con su abuela antes de venir a España. Ella reconocía en su abuela, ahora en la distancia, la figura de apego que la había cuidado durante sus primeros años. En el amor gratuito de la abuela, reconocemos el amor de Dios que nos sostiene. El amor de Dios es perfecto, infinito y eterno, diferente al que cualquier cuidador –ya sea madre, abuela o padre– nos pueda ofrecer, pero se intuye, se apunta, se expresa a través de la experiencia personal vivida con ellos.

Para hablar de Dios Trinidad la Tradición ha partido de la propia experiencia del Jesús histórico. En los evangelios vemos que Jesús también utilizaba analogías para hablar de Dios. En la cultura judía estaba prohibido decir el nombre de Dios, como gesto de respeto máximo al misterio que desborda nuestra comprensión. De hecho, hay muchos pasajes en el Antiguo Testamento que narran que el personaje con el que Dios se acerca a hablar se cubre el rostro, representando a través de un movimiento corporal que a Dios no se le puede «ver el rostro», es decir, no es posible conocerlo. Así le pasa al profeta Elías cuando sube al monte Horeb en busca de Dios y lo encuentra en una suave brisa (cf 1Re 19,12-13). El profeta Elías se cubrió el rostro con su manto cuando percibió la presencia de Dios en un momento de profunda intimidad.

Jesús conoce este pasaje y otros de los textos bíblicos. Por ejemplo, sabe que la primera que pone a Dios el nombre de *El que me ve*, es una esclava no judía expulsada por Abrahán de su campamento, Agar. Ella proclama «he visto al que me ve» (Gén 16,13) para testimoniar que Dios ha atendido su necesidad, ha respondido a su sufrimiento cuando ella y su hijo estaban al borde de la muerte. Conoce también algunas imágenes que los profetas utilizan para hablar de Dios como misericordia. En palabras de Isaías y Jeremías:

Alegraos con Jerusalén y regocijaos por ella todos sus amigos, llenaos de alegría por ella todos los que hacíais duelo; de modo que maméis y os saciéis de su pecho consolador, de modo que chupéis y os deleitéis en su seno cargado. Porque así dice el Señor: «Ved cómo alargo hacia ella, como río el bienestar, como caudal desbordante lo bueno de las naciones; y seréis alimentados, en brazos seréis llevados sobre las rodillas seréis acariciados.

Como aquel a quien su madre consuela, así yo os consolaré» (Is 66,10-13).

¿Es un hijo tan caro para mí Efraín, o niño tan mimado, que tras haberme dado tanto que hablar, tenga que recordarlo todavía? Pues, en efecto, se han conmovido mis entrañas por él; ternura hacia él no ha de faltarme –oráculo de Yavé– (Jer 31,20).

Jesús, desde su propia experiencia y desde la tradición bíblica, «pone nombre» también a Dios: *Abba*. La palabra *abba* es una expresión cariñosa con la que se llamaba al *pater familias* de las familias extensas judías. Hoy sería algo así como llamarle *papá*. En aquel tiempo la relación con el cabeza de la familia, el abuelo o el padre, no era tan cercana como puede suceder hoy en nuestras familias nucleares. Los niños y niñas pasaban sus primeros años, hasta los seis o los siete, en el ámbito doméstico de las mujeres, donde eran alimentados y cuidados. La relación con los varones de la familia era escasa y distante. Una vez pasada la crianza, los niños varones pasaban a formar parte del mundo de los hombres donde no cabían relaciones de ternura.

Podemos imaginar que Jesús proyecta su propia experiencia de haber sido cuidado y protegido por su madre María, y quizá por su padre José, en un Dios de entrañas de misericordia que reconoce en su propia tradición, en las palabras de los profetas y de otros pasajes de la Biblia donde Dios se manifiesta cercano, tierno y preocupado por sus criaturas. A partir de ahí podemos suponer que establece una relación especial de intimidad como hijo querido y amado, siempre cuidado y fortalecido con su presencia o Espíritu. Dios es un «padre» especial, distinto a los padres contemporáneos de su cultura y con rasgos parecidos a la figura de una madre o *imma*. En su oración se siente cerca y le habla con confianza. *Abba* está dispuesto a escuchar y perdonar, no se rige por la Ley sino por el corazón de los que le buscan y le hablan con sinceridad. En *Abba* descubre que para Dios la persona está más allá de la Ley y que la alianza con Dios se teje en el corazón vivo y no en una ley que excluye a través de normas de pureza y linajes.

Desde esta intuición Jesús desvela a un *Abba* que nos quiere juntos, como el padre bueno que reúne a sus dos hijos en una fiesta (cf Lc 15,11-32). En la nueva familia de Jesús solo hay un padre, *el del cielo*, paterno-maternal. No hay más padres; solo hermanos y hermanas. Jesús transmite esta experiencia de Dios de ternura y perdón a su comunidad de discípulos y discípulas como el rasgo principal del Dios en el que cree. El movimiento de Jesús es un *discipulado de iguales*, signo de la nueva humanidad. Con esta expresión, *discipulado de iguales*, la teóloga Elisabeth Schüssler Fiorenza señala que Jesucristo establece nuevas relaciones más allá de las relaciones desiguales, apostando por la libertad radical que ofrece Dios. En un momento de su itinerancia por Galilea le preguntaron a Jesús: «¿No son esos tu madre, y tus hermanos y hermanas...?». Este responde que aquel que «hace la voluntad del Padre» es su hermano o hermana (Mc 3,32-35). El principio de la comunidad que forma Jesús es la posibilidad de intercambio en igualdad, de respetarse mutuamente y de quererse recíprocamente hasta dar todo lo que uno tiene por el otro u otra. Por ello, esta comunidad primera que Jesús forma representa el fin del patriarcado estableciendo una comunidad mesiánica de hombres y mujeres, padres, madres, hijos e hijas sin privilegios ni minusvaloraciones. Dios *Abba* nos congrega en comunidad de iguales: «Ya no hay judío ni griego, no hay esclavo ni libre, no hay varón ni mujer; porque todos sois uno en Cristo Jesús» (Gál 3,28).

Jesús, al adoptar la imagen *Abba* para nombrar a Dios, está afirmando la relación primordial de amor y confianza entre Dios y el ser humano. Entender a Dios de esta manera anula las relaciones de padre-hijo, amo-siervo, blanco-negro –u otras– e invita al servicio mutuo. Supera definitivamente, además, las jerarquías de poder que tanto daño hacen al mundo: las relaciones de desigualdad, frente a la legitimación de la inferioridad de la dignidad de las mujeres, de la infancia y de los que no son blancos; las relaciones de dominación, frente a la justificación de una superioridad moral de unos pocos varones con poder –*potestas*– y autoridad –*auctoritas*–, y la distinción entre cuerpos que valen y cuerpos que no importan, en función de su sexo, salud o su genética o tradición cultural.

Pero, además, Dios no se desentiende de nosotros. Cuando Jesucristo se entrega radicalmente a este proyecto de hermandad, y por ello muere y resucita, Dios no nos deja solos, sino que permanece su aliento de vida en nuestro mundo, lo que habitualmente llamamos su *Espíritu Santo.* Hablar de que el Espíritu de Dios está con nosotros –como hacemos en la liturgia– es proclamar que la presencia de Dios permanece activa en este mundo ambiguo, roto y conflictivo. Así, decir *Espíritu* o *Presencia* es lo mismo, es nombrar la fuente de Vida con mayúscula. La teóloga y abadesa Hildegarda de Bingen (siglo XII) escribió en sus obras que el Espíritu es la «Vida de la vida» de todas las criaturas, la manera en que cada cosa subsiste y se deja atravesar por las relaciones que establece con el resto de la creación. También comparaba la Presencia de Dios con el fuego ardiente que ilumina y enciende nuestros corazones, como un bálsamo de hierbas, como serenidad radiante o como una fuente de agua que se derrama por todas partes. La Presencia de Dios es poderosa porque hace recuperarse a lo marchito, purifica, absuelve, fortalece, sana, consuela, reúne a los perdidos y serena a los desesperados.

Desgraciadamente la imagen de Dios como *padre* se ha utilizado justamente para lo contrario a lo que proponía Jesús. Se ha utilizado por unos pocos para dibujar una imagen de Dios como restrictivo y castigador que impone una ley a la que hay que someterse con sacrificio y que establece quién es más santo y quién menos. Y nos hemos olvidado de su Presencia, convirtiéndola en una paloma insignificante o en otra figura *andromorfa* –con forma de varón– que convertía a la Trinidad en un exclusivo club masculino. Así, a veintiún siglos de distancia participamos en una Iglesia jerárquica que reproduce en muchos aspectos las relaciones desiguales que Dios *Abba,* a través de Jesucristo y su Presencia, invitó a abolir.

La teóloga Mary Daly, en los años setenta del siglo XX, se planteó la posibilidad de que la imagen de Dios como *padre* no fuera la más adecuada para nuestro tiempo. La teóloga acuñó la siguiente frase: «si Dios es varón, entonces el varón es Dios». Con esta aporía quería indicar que con demasiada frecuencia hablamos de Dios de forma andromorfa y que las imágenes sobre Dios andromorfas pueden eliminar la verdadera revolución de Jesús, que, de hecho, es liberar a Dios de las imágenes que le ocultan –Dios de los ejércitos, Todopoderoso, Señor o Amo, Altísimo, etc.–. La propia comunidad cristiana ha modelado la figura de Dios de forma patriarcal volviendo a las relaciones desiguales. Y de esta manera, acabamos imaginamos la Trinidad como un encuentro de hombres, como podemos ver en algunas de las tradiciones iconográficas de nuestra Tradición. En la misma época, la teóloga Anita Röper se encontró una vez con el teólogo Karl Rahner y conversaron sobre cuál era la respuesta a la pregunta *¿Es Dios varón?* Posteriormente publicaron sus debates en un libro titulado con la misma pregunta. La teóloga apuntaba que el problema no es que a Dios se le califique de *padre*, sino que se utilice ese «nombre-adjetivo» para justificar el sistema patriarcal, es decir, para reforzar las jerarquías y desigualdades en la comunidad cristiana y en el mundo. El problema no está en Dios, sino en cómo interpretamos e imaginamos a Dios, porque al final ponemos en práctica esas imágenes.

Podríamos preguntarnos cuál es la forma adecuada de hablar de Dios. Tendríamos ante nosotros el reto de partir en búsqueda de un lenguaje y de unas imágenes sobre Dios cercanas a la experiencia de Jesús que fueran comprensibles hoy. Algunos teólogos y teólogas se han atrevido a comenzar este camino ayudándose de un lenguaje más bien intuitivo y simbólico, que flexibiliza la teología de corte escolástico que hemos heredado. Su objetivo es acercarse al Misterio del Dios trinitario siendo consciente de que son, como decía Rahner, intentos pobres y limitados. Pero este ejercicio intelectual y experiencial tiene una ventaja: en la medida en que se abandonan las imágenes leídas literalmente, es decir, a modo de ídolos, y se especula con ellas de forma simbólica, los muchos *rostros* de Dios emergen delante de nosotros, estimulando nuestra oración, ampliando nuestra mirada y comprendiendo mejor lo que Dios nos propone.

Así, en el siguiente apartado exploraremos algunos modelos y metáforas significativas de la teología trinitaria contemporánea que se nos ofrecen para sumarnos a este caminar de las teólogas y los teólogos.

3
Los muchos rostros de Dios Uno y Trino

Hasta hace pocas décadas habíamos utilizado solo un modelo trinitario para hablar de Dios: Padre, Hijo y Espíritu. Es el modelo que la Tradición nos ha ofrecido y que tiene un carácter muy estable, es decir, tenemos muchas palabras –mucha teología– para explicarlo y es recibido mayoritariamente por la comunidad cristiana. Pero esa abundancia en un cambio de época puede suponer un problema: que quede velado por el exceso y por utilizar un vocabulario lejano a los códigos de nuestro tiempo. También queda velado por la rica tradición de metáforas e imágenes visuales que pretenden explicar quién es Dios para nosotros.

Las generaciones contemporáneas hemos vivido un cambio de época que, entre otras cosas, se caracteriza por un *giro lingüístico* y un *giro visual*. El *giro lingüístico* señala la crítica al idealismo y al racionalismo del siglo XIX y el surgimiento de una nueva forma de pensar y comprender el mundo que se caracteriza por una diversidad de creencias e interpretaciones que «construyen el mundo», no siempre sometiéndose a significados fijos, metafísicos y/o universales como sucedía con anterioridad. Entonces, entra en juego el lenguaje y la forma que tenemos de utilizarlo. El *giro visual* o *estético* hace referencia a la importancia en nuestro tiempo de los lenguajes artísticos, no como meros lugares de expresión de emociones o sentimientos, sino como constructores de mensajes y vías privilegiadas de comunicación. Las artes son creadoras de conocimiento y tienen el poder de transmitir una información que no puede codificarse de ninguna otra forma. Al usar un lenguaje artístico y audiovisual activamos una serie de conocimientos que las palabras no pueden evocar y que no necesitan hacerse explícitos, sino que se entienden por intuición.

Teniendo en cuenta este nuevo contexto podemos comprender lo urgente que es hacernos con modelos trinitarios que nos ayuden en la vida cotidiana a sostener la fe.

Utilizamos la palabra *modelo* al referirnos a una metáfora que se entiende fácilmente porque va unida a una experiencia que reconocemos y a una red de significados constituida por conceptos, recuerdos e imágenes visuales lo suficientemente extensa como para que den sentido a lo que estamos diciendo. El modelo de la Tradición, Padre, Hijo y Espíritu, es una metáfora fuerte, clara, a la que están adheridos muchos significados vinculados a experiencias e imágenes que entendemos bien: misericordia, perdón, cuidado, protección, acompañamiento, nutrición, iluminación, etc. La imagen no es solo algo lingüístico, conceptos abstractos que razonamos en la cabeza, sino que se expresa a través de experiencias narrativas –como se da un abrazo–, una metáfora visual –una fuente que no deja de fluir–, un símbolo –un anillo-alianza que no se rompe–, una acción –una mesa que se comparte– o una obra de arte –una pintura de Dios antropomorfo–.

¿Todos los modelos nos resuenan igual a todos? Está claro que, dependiendo de nuestro contexto y la experiencia que adquirimos a lo largo de la vida, unos modelos asumen más significado que otros. Como hemos visto en ejemplos anteriores, aquella persona que no reconoce en sus progenitores, madre, padre o tutor, una figura de ternura y cuidado puede tener dificultades para comprender a Dios como *abba*. Si la persona no encuentra otros modelos que puedan compensar esa ausencia, podrá tener también dificultades para comprender el mensaje y el proyecto de Jesús. Pero si esta persona posee una diversidad de modelos de acceso a Dios, entonces será capaz de compensar su dificultad con el modelo que nos ofrecen Jesús y la Tradición. De esta manera nos abrimos a otras posibilidades que conectan con nuestras experiencias y nuestras búsquedas. Es importante señalar que los «modelos» son una elaboración artificial realizada por los teólogos o teólogas. Sin embargo, se trata de un recurso muy valioso para nuestra limitada capacidad.

La bella herencia de las metáforas recibidas

Como ya hemos dicho, la actividad metafórica está presente desde el primer momento en la comunidad cristiana. Por ejemplo, en los escritos joánicos se muestran metáforas que han sido decisivas para momentos posteriores: «Dios es amor» (1Jn 4,8.16), «Dios es espíritu» (Jn 4,24), «Dios es luz» (1Jn 1,5.7; 1Tim 6,16); Dios es el viviente por antonomasia (cf Mt 16,16; 26,63; 1Jn 1,2; Jn 6,51; Sal 18,47). Juan aplica algunas de estas expresiones también a Jesús: «él es la luz» (Jn 1,4.9; 9,5), y «es la vida» (Jn 1,4; 11,25; 14,6). En ningún caso son definiciones metafísicas, sino que quieren demostrar con una imagen o un concepto sencillo la dimensión salvadora de Cristo. La Tradición toma estas imágenes y las va elaborando, construyendo redes de significados. Por ejemplo, Ireneo de Lyon (140-202) dirá de Dios que «es todo razón, todo oído, todo ojo, todo luz». La experiencia de hacernos conscientes del mundo a través de los sentidos y la razón nos remite a comprender a Dios como la plenitud de esa vida que se percibe.

Otras metáforas se inspiran en la naturaleza. Por ejemplo, Gregorio Nacianceno explica la idea de que Dios Trinidad es «comunidad perfecta» con ayuda de una metáfora clásica: un sol –Padre–, con su rayo –Hijo– y su calor –Espíritu–, que transforma en la imagen de tres soles que emiten un solo rayo.

Las imágenes visuales naturales de la luz, el fuego y el agua se consolidarán como metáforas muy estables en la Tradición, especialmente en la teología y la mística tardomedieval. Por ejemplo, la abadesa Hildegarda de Bingen, que conoce bien la obra de Atanasio de Alejandría (siglo IV), recoge en sus visiones gran cantidad de elementos plásticos y naturales como la luz, el zafiro y el fuego relacionados con la Trinidad:

Tú ves una luz esplendente que, sin ningún rasgo de mentira, de debilidad o de engaño, representa al Padre, y dentro de esa luz ves una forma humana, de color de zafiro, que, sin rasgo de dureza, de envidia ni maldad designa al Hijo en la divinidad, antes del tiempo y después en el tiempo, encarnado en el mundo, según su humanidad. Y esa forma humana arde totalmente, con un fuego suave y rojizo. Este fuego, sin rasgo alguno de debilidad, de muerte o de tinieblas, representa al Espíritu Santo, aquel por cuyo medio el Hijo de Dios ha sido concebido según la carne [...]. Y esta luz esplendente y este mismo fuego de color rojo llenan esta forma humana, formando así una única luz que tiene una potencia única: esto significa que el padre, que es la equidad soberana, pero que no existe sin el Hijo y el Espíritu, lo mismo que el Espíritu que abraza el corazón de los fieles, pero que no existe sin el Padre y el Hijo, y lo mismo que el Hijo, que es la plenitud de la fecundidad, pero que no existe sin el Padre y el Espíritu Santo, son inseparables en la majestad de la divinidad (*Vida y visiones de Hildegarda de Bingen*, Siruela, Madrid 1997, 162).

El efecto que produce el imaginar la metáfora de Hildegarda es sorprendente y provocador. Las monjas iluminadoras de su convento elaboraron una serie de imágenes bellísimas de esta visión que hoy conservamos. Esta imagen tan sugerente nos evoca un Dios en movimiento: la triada vida-fuego-amor enmarcada en la luz que es el símbolo de la vida que salva.

 Metáfora visual de la Trinidad según Hildegarda de Bingen

Aparecen otras metáforas de tipo antropomorfo, que suelen hacer referencia a procesos humanos internos –la memoria, el entendimiento, la voluntad, etc.– y externos –el diálogo, la escucha, el cuidado, la protección, etc.–. Por ejemplo, Ireneo de Lyon introducirá en Occidente una bonita imagen trinitaria de Oriente relacionada con la vida y la creación. Ciertos textos rabínicos suponen que en la creación Dios estaba hablando con los ángeles –«hagamos al ser humano a nuestra imagen y semejanza» (Gén 1,26)–, pero el teólogo transforma esta figura afirmando por primera vez que la creación es obra de la Trinidad entera, pues el Padre está acompañado de sus *dos manos*, el Hijo y el Espíritu:

Adán nunca ha logrado evadirse de las manos de Dios, con las que hablaba el Padre cuando decía: «Hagamos al hombre a nuestra imagen y semejanza» (Gén 1,26). Por esta razón, en suma, y «no por la voluntad de la carne ni por la voluntad del hombre» (Jn 1,13), sino por deseo positivo del Padre, las manos de Dios han hecho al hombre un ser vivo, para que Adán pueda convertirse en imagen y semejanza de Dios (*Adversus Haereses,* V, 1,3).

Con esta metáfora antropomorfa el teólogo quiere subrayar la gratuita y amorosa acción de Dios en el mundo. La imagen visual presenta a Dios como artesano y no abandona después a su creación, pues está siempre presente a través de «sus manos»: el Hijo y el Espíritu. Por las manos del Padre, el ser humano es modelado a imagen y semejanza de la Trinidad.

La búsqueda de metáforas para nuestro tiempo

Hasta aquí hemos compartido una serie de metáforas que giran en torno al modelo principal que proviene de Jesús. Pero las teólogas y teólogos de las últimas décadas se han atrevido a sugerir más modelos, con los códigos lingüísticos y visuales de este nuevo tiempo, que pretenden ayudar a muchas personas a comprender quién es el Dios de Jesús y su carácter trinitario.

La teóloga Elizabeth Johnson señala, coincidiendo con Tomás de Aquino, que «solo podemos nombrar a Dios a partir de las creaturas, y esa experiencia humana del amor es tan profundamente dadora de vida que proporciona una analogía esencial para hablar del misterio divino». La teóloga norteamericana dedicó un libro a compilar algunas de estas propuestas sobre la Trinidad organizándolas en dos amplios grupos de metáforas: un primer grupo de metáforas no personales y un segundo grupo de metáforas personales. En el primer grupo encontramos metáforas no personales donde hay un especial protagonismo del Espíritu, pues inciden en que el Espíritu es ámbito de expresión y fuente de manifestación de Dios Trinidad. Así, John Macquarrie habla de la Trinidad como *Ser Primordial, Ser Expresivo* y *Ser Unitivo,* un movimiento amoroso de energía que deja de ser para que los demás sean y vivan, siendo fuente desbordante de las cosas. Langdon Gilkey describe a Dios como fuente, principio de posibilidad y de orden y poder re-creador. Raimon Panikkar interpreta el misterio como fuente, ser y retorno apoyándose en la afirmación de Pablo sobre que Dios «está sobre todos, actúa sobre todos y está en todos» (Ef 4,6).

El segundo grupo recoge imágenes personales, relacionadas con la experiencia humana, donde se subraya el carácter relacional, la cercanía y la creatividad de la Trinidad en comunicación con el ser humano. Por ejemplo, Walter Kasper imagina el Amor divino como dador, receptor-dador y receptor, es decir, como fuente, mediación y término del amor. Por eso, Dios llamado *Misericordia* es actividad trinitaria que se hace presente en la realidad.

Anthony Kelly propone nombrar a Dios Trinidad como *Ser-en-el-amor*, por lo que conlleva contemplarle como donante, don y donación de amor ardiente que desborda lo comprensible.

Sallie McFague cree que la idea del amor desinteresado –*ágape*– es la mejor para hablar de Dios: es una relación libre, pero a la vez se da un vínculo elegido y querido. Así, libertad, confianza y amistad son las experiencias fundamentales de encuentro con Dios en una comunicación gratuita. McFague nombra tres modelos de relación libre y desinteresada que pueden representar la actividad creadora, salvadora y sustentadora de Dios en relación al mundo: Dios Madre –creadora, protectora y nutriente de vida–, Amante –salvador/a, sanadora, fidelidad– y Amigo/a –sustentadora/sostenedora de relación–.

Letty Russell concibe la Trinidad como una entidad Creadora, Liberadora e Intercesora que provoca e invita a los seres humanos a colaborar con Ella en el cuidado del mundo.

Elizabeth Johnson propone recuperar la Tradición bíblica de Dios como *Sabiduría*, «el Señor fundó la tierra con sabiduría» (Prov 3,19), para hablar de Dios Trinidad como Sabiduría Sagrada –en hebreo *hokmah*–. La Sabiduría en la Biblia es: dadora de vida, «ella es tu vida» (Job 4,13), «quien me encuentra encuentra la vida» (Job 8,35); fuente y origen de todo y predicadora profética, pues alza la voz y se autorrevela (cf Prov 8). Está encarnada en medio del sufrimiento de la historia y es Presencia móvil y benévola a lo ancho y largo del mundo. La teóloga norteamericana, utilizando su bagaje bíblico, propone recuperar la metáfora de la Sabiduría Sagrada que danza (cf Prov 8,30-31) y penetra con su fuerza todas las cosas (cf Prov 8,35). De esta manera podemos comprender la Trinidad como *vitalidad* –en hebreo *ruah*– o Espíritu-*Sophía* que atraviesa la historia de la salvación interviniendo en la vida de las personas, como *palabra* –en hebreo *dabar*– o Jesús-*Sophía* que se llena de la sabiduría Sagrada y hace partícipe a toda la creación y como *presencia* –en hebreo *shekinah*– o Madre-*Sophía* activa que ama y sostiene.

Aruna Gnanadason relaciona la autodonación amorosa de Dios con el principio femenino hindú de la divinidad y su energía cósmica primordial, *Shakti*, para reimaginar el poder divino. Con ello transforma la comprensión tradicional de la gracia como poder divino –*gracia roja*, a través de la entrega del Hijo– en un poder relacional –*gracia marrón*– que invita a la proximidad íntima con la vida de la tierra y permite imaginar la tierra como «cuerpo de Dios». Gnanadason coincide con Sallie McFague en que pensar el mundo como «cuerpo de Dios» amplía la comprensión del «reino de Dios», pues supone entender, en la crisis ecológica actual, que la relación con Dios surge desde el cuidado interior y no desde la intervención exterior, como la madre teje vínculos nutricios con el bebé nonato. Por ello, las nociones de vulnerabilidad, responsabilidad compartida y riesgo están siempre presentes en la reflexión sobre Dios Trinidad.

Janet Soskice se centra en la metáfora de un Dios amable o *entrañable,* pues de la ternura con el otro es de donde surge el mundo de las relaciones divinas del modelo trinitario. A partir de la metáfora de la misericordia –*rahamin,* o las entrañas de Dios– Soskice imagina un Dios con *entrañas maternas* –presente en la Tradición profética (cf Os 11,1-9; Is 49,15; Jer 31,20; Dt 32,10)–, que se pone en el lugar del que sufre y no permanece indiferente.

Agbonkhianmeghe Orobator utiliza la imagen de la maternidad nutricia yoruba llamada *Obirinmeta,* para indicar la participación atenta de Dios en las necesidades existenciales diarias de la humanidad. Según Orobator, el símbolo de *Obirinmeta* expresa la idea de «una mujer que combina la fuerza, el carácter, la personalidad y la belleza de tres mujeres... Es una mujer multifuncional de densidad incomparable y sustancia ilimitada». La metáfora de la fuerza y determinación femenina incomparable simboliza la abundancia total y la radical apertura de Dios al mundo y a la humanidad.

Como podemos ver, el lenguaje sobre el símbolo de la Trinidad y la esencia de Dios no es un lenguaje literal, es sobre todo evocador. Los teólogos y teólogas intentan conectar la experiencia humana y la teología trinitaria. Los matices entre unos modelos y otros se asemejan, beben unos de otros y se aportan para enriquecerse. En realidad, la mayoría gira en torno a la experiencia de la Tradición de un Dios Uno y Trino de desbordante amor. Es muy probable que el lector se haya sentido más identificado con unas metáforas que con otras. Este es el objetivo de esta diversidad, que cuando hablemos de Dios todos estemos cómodos con las metáforas que utilizamos, no por una cuestión de gusto, sino porque nos ayudan más y mejor a tener una relación más íntima con Dios. Jesús utilizó su propia metáfora, *Abba*, por eso estamos invitados e invitadas a hacer lo mismo para hacer presente a Dios en nuestras vidas con más intensidad.

Danzad, danzad con la Trinidad

A lo largo de todo el texto nos hemos esforzado en subrayar el carácter comunitario de Dios que se imagina la Trinidad como una comunidad en relación íntima de amor. Antes que una fórmula o un concepto, el símbolo de la Trinidad es un acontecimiento que se cuenta y que se experimenta, y del que se da testimonio. Dios Trinidad se nos manifiesta como comunión de vida en el amor: dar-recibir-devolver. Esta dinámica es la intuición presente tanto en la Tradición como en las propuestas que quieren aportar un nuevo vocabulario. Lo encontramos especialmente en la noción de *perijóresis* que significa «danzar alrededor» o «danzando juntos alrededor de los otros hasta envolverse entre sí», que nos resuena como un símbolo que podemos comprender y que nos invita también a movernos y dar testimonio.

La *perijóresis* o danza de la Trinidad ofrece una metáfora poderosa de la dimensión comunitaria trinitaria que acentúa nociones como *comunión, relación* y *acontecimiento*, sin perder la perspectiva de las categorías recibidas de la Tradición como unidad, esencia, singularidad, individualidad o ser. Para experienciar esta metáfora podemos imaginar las danzas contemporáneas, donde los danzantes giran y se mezclan de forma inusual, con pasos que resultan a veces caóticos y donde se producen cambios de ritmos, de luces y de música. Aunque no lo parezca, se trata de coreografías especialmente disciplinadas. Los cuerpos de los bailarines deben compenetrarse lo más posible con sus compañeras y compañeros para que la armonía de la danza llegue a su máxima intensidad, fluidez y belleza. De la misma manera, el movimiento perijorético resume la idea de tres personas en una exuberante relación de igual a igual: un hermoso movimiento en libertad.

La Trinidad, según Elizabeth Johnson, es amor en movimiento, comunidad que danza, Dios inmanente que nunca se sitúa por encima de la realidad o contra ella, sino que siempre es fiel a ella y está a su favor. Un Dios apasionado que, en el juego placentero de la danza, desde su íntima relacionalidad, por su infinita Sabiduría, libera, sana y fortalece. De hecho, la experiencia de la danza conlleva tres elementos: en primer lugar, la danza requiere una profunda concentración; en segundo lugar, exige explorar la propia capacidad natural de movimiento, y por último, debe ser individual y única para quien la experimenta, por lo que fluye constantemente de una fuente que es auténtica y personal, como manifestación de lo divino. La danza entonces es metáfora de una relacionalidad «con-centrada» en amar y en la acción presente de ese amor, a la vez que experimenta la fluida extraversión de ese mismo amor como fuente de vida. Dado que la danza es dadora de vida, así, la noción de *perijóresis* se actualiza como relación de *reciprocidad* de la Trinidad, que expresa la singularidad de cada persona e incentiva la relación con las otras personas.

Pero, además, esta danza es una danza «extática», es decir, que las personas divinas «salen fuera de sí mismas» y así, evocan en la vida de la otra un deseo de entrega que suscita el compartir recíproco de la Vida con mayúscula. La *perijóresis*, dice la teóloga Catherine LaCugna, «capta el carácter circulatorio de la eterna vida divina». Para la teóloga la danza perijorética divina es una invitación a que la humanidad esté en comunión y relación con Dios, entre nosotros y con el resto de la creación:

> Desde este punto de vista, «la danza divina» es, en efecto, una imagen adecuada de la comunión de las personas: no para una comunión intradivina, sino para la vida divina –en general–, ya que todas las criaturas participan y existen literalmente en ella (God for us, Harper, San Francisco 1991, 274).

Dios, regalándonos gratuitamente su gracia (cf Ef 1,3-14), invita a la humanidad a participar de la danza divina trinitaria. En esta invitación se visibiliza que solo siendo acompañados por su Sabiduría es posible transformar el mundo. Esta experiencia de dependencia y deseo de armonía aparece frecuentemente en la experiencia mística como, por ejemplo, en la de Matilde de Magdeburgo (1207-1282):

No puedo bailar, Señor, si tú no me conduces. Si quieres tú que salte alegremente, tendrás que cantar y bailar primero. Entonces saltaré al amor, del amor al conocimiento, del conocimiento al gozo y del gozo saltaré más allá del entendimiento humano. Allí me quedaré contigo, girando (*La luz que fluye de la divinidad*, Herder, Barcelona 2016, 67).

Por un momento podemos imaginar una de las representaciones de la Trinidad más comunes en la actualidad, que es el icono de la Trinidad de Andrei Rublev pintado entre 1425 y 1427, perteneciente a la época de máximo esplendor de la escuela de iconos de Moscú (siglos XIV-XV). La representación está inspirada en la escena de la hospitalidad de Abrahán en Mambré (cf Gén 18,1-18) y la interpreta a partir de tres figuras angélicas. La tabla, dorada en su totalidad, cumple las normas del icono: borde de unos centímetros resaltando a modo de relicario la escena interior, fineza de líneas, suavidad en las formas, colores monocromáticos estudiados, luces brillantes para crear profundidad y contorno y geometría intencionada en círculos concéntricos. Las figuras de los ángeles están dispuestas de manera que las líneas de sus cuerpos forman varios círculos concéntricos, que tienen su centro en la mano del ángel de en medio que bendice el cáliz de la mesa. Un primer círculo rodea al cáliz, delimitado por las dos manos y la rodilla de los ángeles. Una mano bendice y otra señala la copa de la sangre de Cristo. Otro círculo lo crean las manos de los ángeles, delimitando el espacio interior donde se encuentra la mesa/altar. Un tercero engloba a las tres figuras y el altar, marcando los límites de la tabla. La copa, situada en el centro del altar, queda rodeada por un espacio interior delimitado por el cuerpo de los ángeles. Este espacio de nuevo tiene forma de copa. Las figuras no se miran y mantienen la expresión hierática propia de lo divino, como mirando a la eternidad en estado de contemplación. Pero el contenido giro de sus cabezas expresa una paz inmóvil y silenciosa que parece formar de nuevo un círculo de relación entre ellas.

Icono de la Trinidad,
Andrei Rublev

La representación que propone Rublev, y que tanto éxito ha tenido durante tantos siglos, puede ser enriquecida por la metáfora de la danza divina, es decir, las tres personas divinas danzando e invitándonos a participar en esta danza transformadora. Algunos artistas han representado esta imagen tan evocadora. Por ejemplo, Mary Southard ha dibujado a la Trinidad-Sabiduría como tres figuras femeninas en una danza acompasada. La artista respeta los tres colores de la Trinidad de la Tradición moderna: blanco para la Madre, rojo para la realeza de la Hija y azul para el Espíritu, representado por una niña. Pero estos colores se funden con la creación, a partir de tres círculos de color que se intersectan en color y forma, participando del mismo Dios, pero sin ser Dios. La Trinidad al danzar transforma la creación. Por eso, la artista pinta a las tres figuras femeninas danzando, enlazando las manos en un movimiento acompasado de pies. Las manos al tocarse reflejan la luz del encuentro y los cuerpos se arquean al sostenerse unos a otros en la confianza del amor perfecto que acoge la diferencia en la amistad perfecta de tres: «En cada generación entra en las almas santas y las hace amigas de Dios y los profetas» (Sab 7,27). Se trata, dice Elizabeth Johnson, de una libre elección por amor «que se caracteriza por la confianza y la responsabilidad mutuas, la participación en intereses comunes y la inclusividad respecto a los demás».

La Sabiduría divina es fundamento y sostén del mundo en movimiento: las tres personas, cuya esencia es el amor, están relacionadas por un amor mutuo y perfecto, sin perjuicio de sus diferencias. Para la teóloga norteamericana Elizabeth Johnson, este amor perfecto se expresa en la amistad perfecta de tres. Johnson enlaza los significados de la metáfora de la amistad de la tradición con propuestas teológicas contemporáneas como la de la teóloga Sallie McFague: en el modelo de Dios como amigo se muestra la radical libertad de la elección del que ama. Dios-Sabiduría Amiga no solo hace posible que los seres humanos seamos amigos de Dios, sino que ofrece su amistad al mundo. Así, los seres humanos caen en la cuenta de que nunca están solos y este acompañamiento se manifiesta en relaciones de solidaridad entre iguales.

La Sabiduría danzando,
Mary Southard

4
Conclusiones

Leonardo Boff decía en su libro *La Trinidad, la sociedad y la liberación* que no podemos ignorar el carácter trinitario de Dios, porque «esclarece nuestra propia existencia y nos comunica con la estructura última del universo y la vida humana: la comunión y la participación». Los cristianos somos monoteístas y trinitarios porque creemos en el amor compartido y hecho vida.

Con este modesto texto hemos pretendido ampliar nuestro vocabulario, imaginar otras metáforas para añadirlas a las que ya tenemos y seguir deseando y buscando a Dios en nuestra vida. Para ello nos hemos servido de la Tradición y de las aportaciones de la teología actual, pero podemos seguir aportando nuevas ideas con ayuda de la cultura, de sus símbolos e imágenes, de lo digital, etc. La presencia del lenguaje simbólico en nuestra forma de acercarnos a Dios enriquece la actividad *catalógica* y *analógica* de la reflexión sobre Dios. Así entendemos el carácter trinitario de Dios desde una doble dirección, de Dios a nosotros –Dios que se revela o teología catalógica– y de nosotros a Dios –teología analógica–. La *catalogía* es el propio movimiento descendente de Dios, que aun estando por encima de cualquier saber o experiencia, ilumina nuestro imperfecto mundo con su amor divino y se manifiesta en Jesucristo encarnado en la humanidad por la acción del Espíritu Santo. Al mismo tiempo, la *analogía,* nacida de nuestro ser imagen de Dios, nos permite hablar de la Trinidad empleando recursos metafóricos humanos incompletos pero comprensibles. Ambos caminos tienen como aliados la imaginación, el arte y la cultura, que permiten vislumbrar a Dios Uno y Trino desde las diversas realidades humanas al tiempo que señala la fugacidad de las palabras e imágenes que hablan de Él, porque Dios es *«semper maior»*. Así:

Dar vueltas en círculos es todo lo que podemos hacer. Nuestro hablar de Dios es una búsqueda de símiles, analogías y metáforas. Todo lenguaje teológico es una aproximación, ofrecida tentativamente con santo asombro. Eso es lo mejor que el lenguaje humano puede lograr. Podemos decir: «Es como..., es similar a...», pero nunca podemos decir: «Es...», porque estamos en el reino del más allá, de la trascendencia, del misterio. Y debemos –absolutamente debemos– mantener una humildad fundamental ante el Gran Misterio. Si no lo hacemos, la religión siempre se adorará a sí misma y a sus formulaciones y nunca a Dios (R. Rohr, *La danza divina: la Trinidad y tu transformación*, Whitetaker House, New Kensington 2017, 25).

Las metáforas aquí presentadas dan cuenta de la importancia de no modelar a Dios a imagen y semejanza del ser humano, es decir, de ejercitar en colaboración de otros y otras un lenguaje simbólico trinitario de la afirmación, de la negación y del desbordamiento divino a la vez, para recordarnos que son siempre esfuerzos apasionados pero incompletos. Sin embargo, al esforzarnos en inculturar la esencia tri-

nitaria de la fe lo que estamos haciendo es señalar las estructuras de muerte del mundo y la
gracia de Dios que se derrama en ellas a través
de su acción sanadora y salvadora que renueva
la cultura y la historia. Habitemos el mundo,
trinitariamente, pues con ello danzamos mejor
con Dios en una vida más bella y armoniosa
que mejora el mundo.

Para una reflexión personal

- ¿Cómo te imaginas tú a Dios Uno y Trino? Haz una lista de las palabras que tengan que ver con el Dios Trinidad que alojas en tu corazón. Si te animas puedes dibujarlo también. Compáralo con los dos primeros apartados del texto.
- En el epígrafe «La búsqueda de metáforas para nuestro tiempo», se han expuesto varios modelos y metáforas para comprender el carácter trinitario de Dios. Elige alguno de estos modelos y medita sobre él.
- ¿Qué dificultades ves en el símbolo de Dios Uno y Trino? ¿Qué preguntas te surgen cuando piensas en cómo explicar este símbolo en palabras o imágenes visuales?
- ¿Qué te sugiere el concepto de *perijóresis* y la imagen asociada de la danza?

- ¿Qué características crees que tiene la vida trinitaria, es decir, llevar la danza del amor a la vida para crear Vida con mayúscula? Enumera algunas características y pon algunos ejemplos para la vida cotidiana.

Para una reflexión grupal

- Se puede comenzar la dinámica con una canción de danza contemplativa donde haya que coordinarse los unos con los otros.
- Tras la danza se pregunta a los participantes como han vivido la experiencia, qué dificultades han tenido a la hora de coordinarse con los otros y al mismo tiempo entrar en la oración. Se puede hacer ver la dificultad entre la teoría de la danza y la realidad de nuestra dificultad práctica, para ponerlo en paralelo con la teoría del amor trinitario de Dios y nuestra dificultad para ponerlo de verdad en práctica.
- Se propone a los participantes que dibujen a Dios Trinidad y expliquen a través

del dibujo qué significa para ellos este símbolo. También se puede pedir una lista de cinco características de Dios Trinidad que les parezcan centrales en la experiencia de Dios.

- Proponed al grupo que reflexione sobre la «espiritualidad trinitaria»: ¿qué significa esta expresión?, ¿cómo se puede llevar a cabo? Cada persona podría enumerar algunas características y poner algunos ejemplos para la vida cotidiana.

Bibliografía

BERNABÉ UBIETA C. (ed.), *Los rostros de Dios: Imágenes y experiencias de lo divino en la biblia*, Verbo Divino, Estella 2012. Carmen Bernabé recoge los trabajos de distintos biblistas que han investigado sobre imágenes de Dios que aparecen en los textos bíblicos. Los biblistas muestran que los contextos históricos y temporales de los personajes de la Biblia influyen en la forma de comprender a Dios bajo el hilo conductor de un Dios que se desvela por la humanidad.

ESCRIBANO M. (ed.), *Trinidad, deseo y subversión. La vida trinitaria de las mujeres*, Verbo Divino, Estella 2021. Aunque en el título de este libro aparecen las mujeres, puede ser útil para cualquier persona que quiera acercarse a la espiritualidad trinitaria y las implicaciones que esta tiene en la vida cotidiana. Las autoras hacen un recorrido por la búsqueda de Dios, partiendo del deseo de Dios y cómo este afecta a los seres humanos en su día a día, invitándolas a comprometerse y tomar opciones a favor de los demás.

GRESHAKE G., *Creer en el Dios uno y trino. Una clave para entenderlo*, Sal Terrae, Santander 2002. Amplía la explicación y utiliza un vocabulario más teológico y académico. Es el siguiente nivel de profundización de lo que hemos explicado aquí. Greshake hace una síntesis del tratamiento de la Trinidad desde la propuesta de entender a Dios como comunión o dinámica perijorética.

JOHNSON E., *La búsqueda del Dios vivo. Trazar las fronteras de la teología de Dios*, Sal Terrae, Santander 2008. En este libro la autora recopila distintas perspectivas teológicas de las últimas décadas explicando cómo se han enfrentado al hecho de hablar de Dios, destacando aquellas ideas principales que son importantes para la práctica cristiana.

ROHR R., *La danza divina: la Trinidad y su transformación*, Whitetaker House, New Kensington 2017. Este libro ofrece textos para la contemplación y meditación teniendo como centro la espiritualidad trinitaria y los elementos del amor desbordante, la entrega, el compartir y el formar comunidad que son propios de Dios.

Índice

12,50